Der Geometrie-Unterricht in der Grundschule hat propädeutischen Charakter. Ein systematischer Lehrgang ist nicht vorgesehen. Durch vielfältige Handlungserfahrungen werden Operationen und Begriffe vorbereitet.
Die Formen-Plättchen, die den Schülerbüchern von DENKEN UND RECHNEN beiliegen, stellen ein geeignetes Arbeitsmittel dar, im konkreten Handeln derartige Erfahrungen zu gewinnen.
Über die Aufgaben im Schülerbuch hinaus bieten die vorliegenden Übungsblätter weitere Anregungen zum Umgang mit den Formen-Plättchen. Sie können im differenzierenden Unterricht bzw. in der Freien Arbeit eingesetzt werden. Bei vielen Aufgaben ergeben sich Möglichkeiten zur Partnerarbeit.
Es bietet sich an, die gefundenen Lösungen auf den Übungsblättern anmalen zu lassen. Hier kommen auch Aspekte der Kunsterziehung zum Tragen.

Übungsblatt 1
Einzelne Formen-Plättchen werden zu komplexeren Formen zusammengesetzt. Die Schüler entdecken Zusammenhänge im Hinblick auf das Zusammenpassen und Zusammensetzen der Plättchen.

Übungsblatt 2
Deckungsgleiche Figuren werden mit verschiedenen Formen-Plättchen ausgelegt. Hier wird der Begriff der Kongruenz von Flächen vorbereitet.

Übungsblatt 3
Die Schüler erfahren die vielfältigen Kombinationsmöglichkeiten verschiedener Dreiecksformen und lernen deren Unterschiede und Gemeinsamkeiten kennen.

Übungsblatt 4
Die vorgegebenen sechs Plättchen werden zu immer anderen Figuren zusammengesetzt. So wird u. a. ein Vorverständnis für die Gleichheit von Flächeninhalten erworben.

Übungsblatt 5
Zunächst muß jeweils eine geeignete Plättchensorte gefunden werden. Bei den Übungen auf diesem Blatt werden der Blick für geometrische Formen geübt sowie erste Erfahrungen mit Winkeln gewonnen. Durch den Vergleich der Zahl der benötigten Plättchen wird der Begriff des Flächeninhalts vorbereitet.

Übungsblatt 6
Die Aufgaben dieses Übungsblattes beziehen beim Umgang mit den Formen-Plättchen die farbliche Gliederung ein. Auch ästhetische Aspekte kommen zur Geltung. Die nachgelegten Muster können umfahren und ausgemalt werden.

Übungsblatt 7
In den Tabellen sind die zu verwendenden Plättchen dargestellt. Bei Aufgabe 1 bietet es sich an, die gefundenen Lösungen in Partnerarbeit überprüfen zu lassen. Bei Aufgabe 2 kann das Rechteck mit den Plättchen von b), c) und e) ausgelegt werden.

Übungsblatt 8
Die mit den Formen-Plättchen gewonnenen Erfahrungen werden hier in einem Spiel angewendet. Jeder der beiden Mitspieler soll versuchen, durch vorausschauendes Überlegen das letzte mögliche Plättchen zu legen.

Übungsblatt 9
Einfache Figuren werden spiegelbildlich ausgelegt. Bei Aufgabe 1 und 2 sind noch die Plättchenumrisse als Hilfe eingezeichnet. Die Zweifarbigkeit kann zur weiteren Ausgestaltung eingesetzt werden. Partnerarbeit: Jeder legt eine Hälfte.

Übungsblatt 10
Komplexere Figuren sollen spiegelbildlich ergänzt werden. Auch hier ist Partnerarbeit möglich.

Figuren mit Formen-Plättchen auslegen.

Gleiche Figuren mit verschiedenen Plättchen auslegen.

westermann®

Verschiedene Figuren mit dreieckigen Plättchen auslegen.

Mit den gleichen Plättchen immer andere Figuren legen.

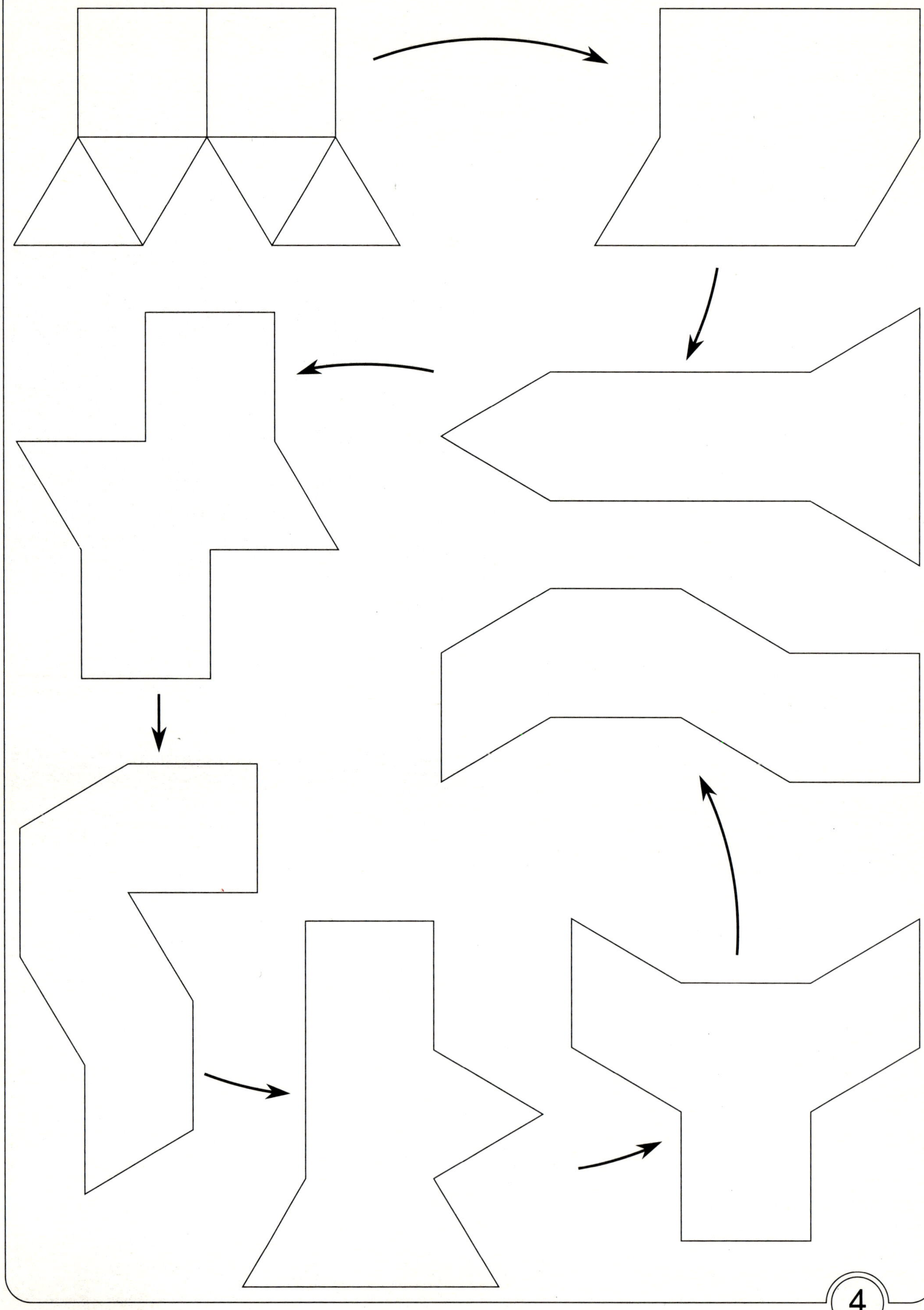

Figuren mit Plättchen einer Sorte auslegen. Anzahlen feststellen.

1. a)

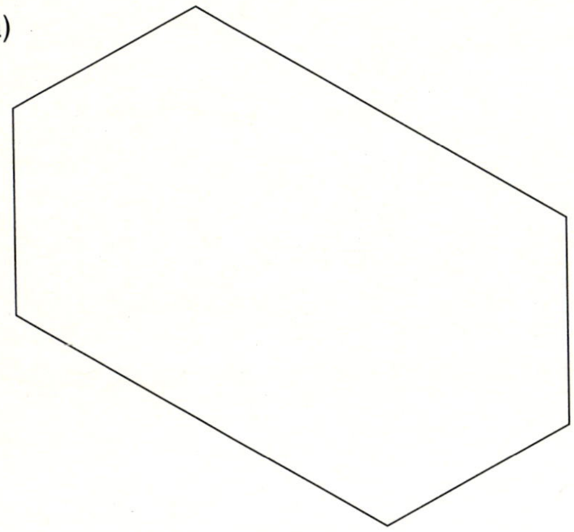

Plättchen

b)

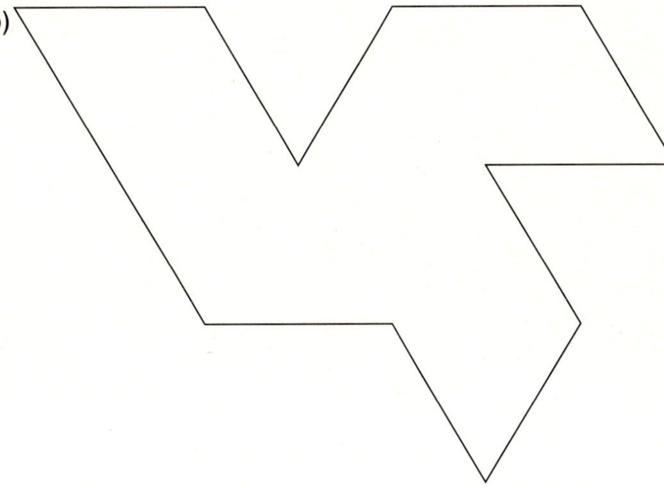

Plättchen

2. a)

Plättchen

b)

Plättchen

c)

Plättchen

d)

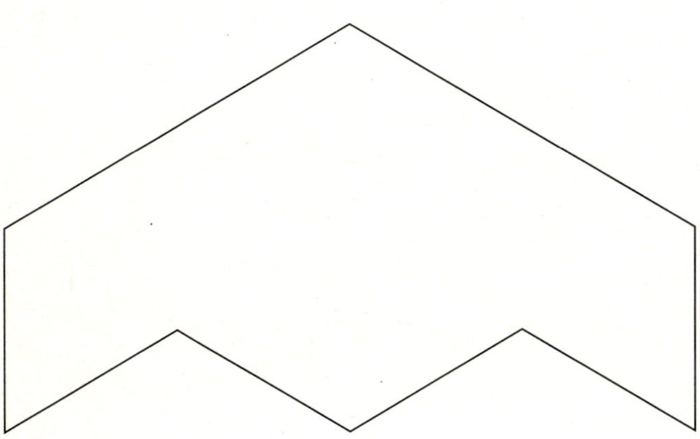

Plättchen

Muster legen. Gleichfarbige Plättchen sollen nicht benachbart sein.

1. Lege aus.

a)

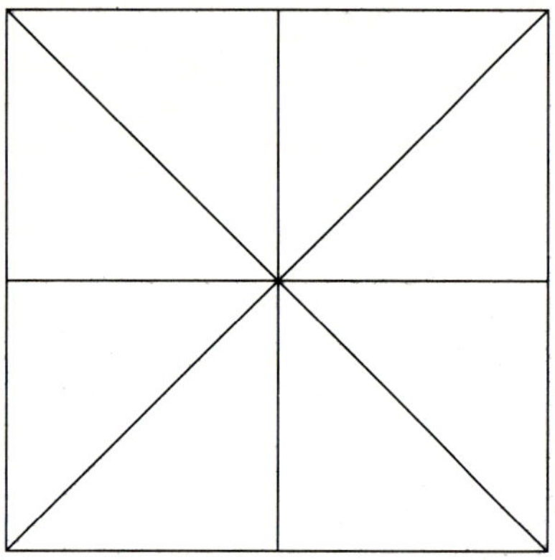

b)

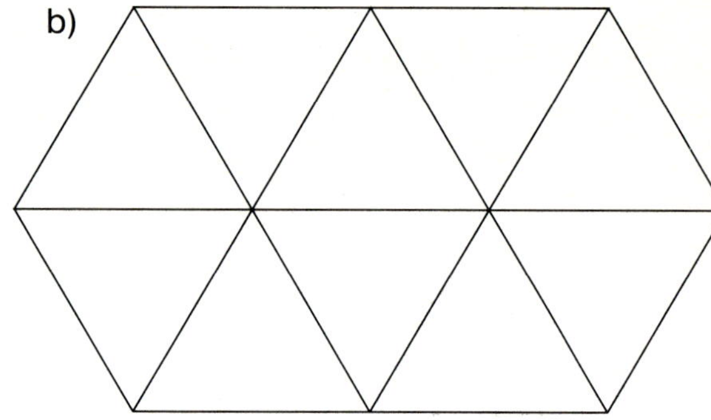

c)

d)

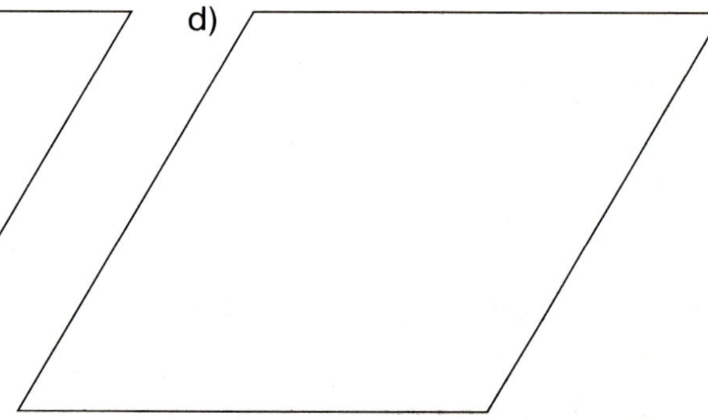

2. Lege nach.

a)

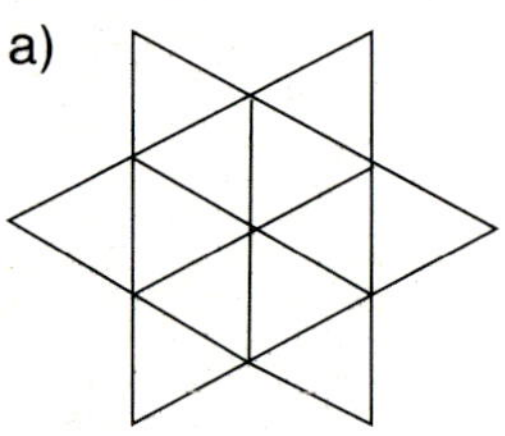

b)

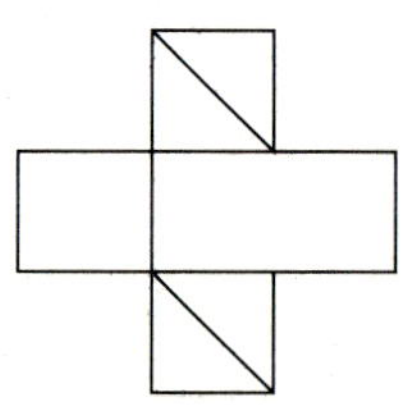

c)

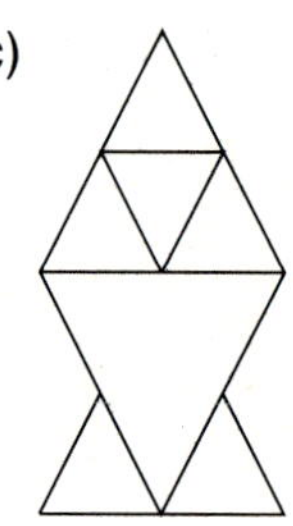

d)

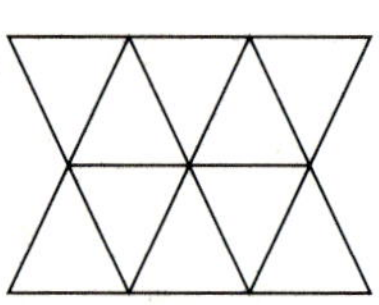

e)

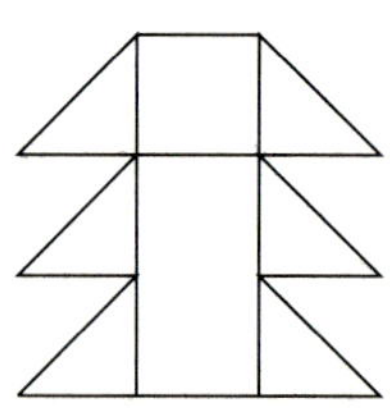

f)

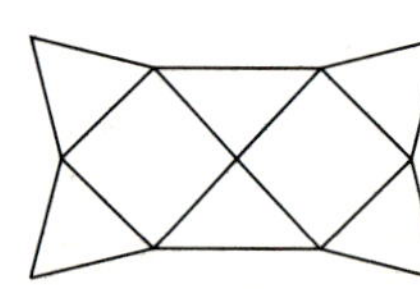

3. Lege Figuren mit den Plättchen der angegebenen Form.

a)

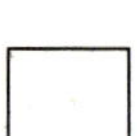

b)

c)

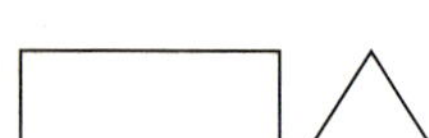

d)

westermann®

Figuren verschieden auslegen.

1. Trage jeweils in die Tabelle ein, wie viele Plättchen du von jeder Sorte gebraucht hast.

a)

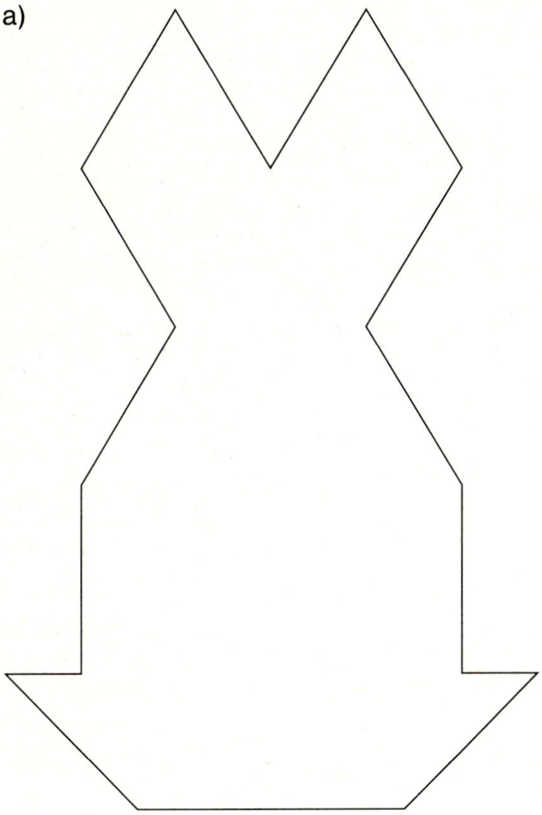

b)

a)

-	-	1	-	3	1	4

b)

2. Mit welchen der angegebenen Plättchen läßt sich das Rechteck auslegen?
Es gibt drei Möglichkeiten.

a)	–	–	2	–	–	–	2
b)	–	4	–	–	4	–	–
c)	–	3	1	–	2	–	–
d)	–	1	–	2	3	–	–
e)	1	1	–	–	2	–	–

Partnerspiel.

Legt abwechselnd eines eurer Formen-Plättchen so in die Spielfigur, daß mindestens eine Seite und eine Ecke an ein bereits gelegtes Plättchen anschließen. Wer schließlich ein Plättchen so anlegen kann, daß kein anderes mehr in die Figur hineinpaßt, hat gewonnen.

Spielfigur 1

Spielfigur 2

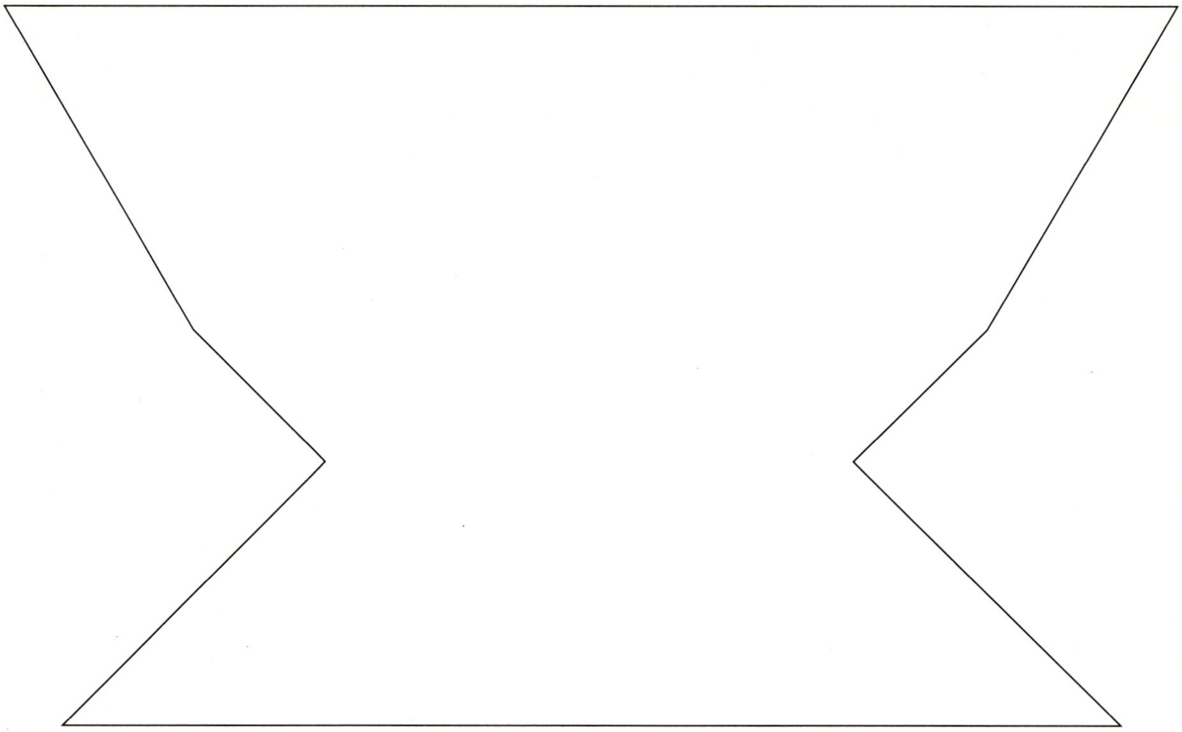

westermann®

Figuren spiegelbildlich auslegen.

1.

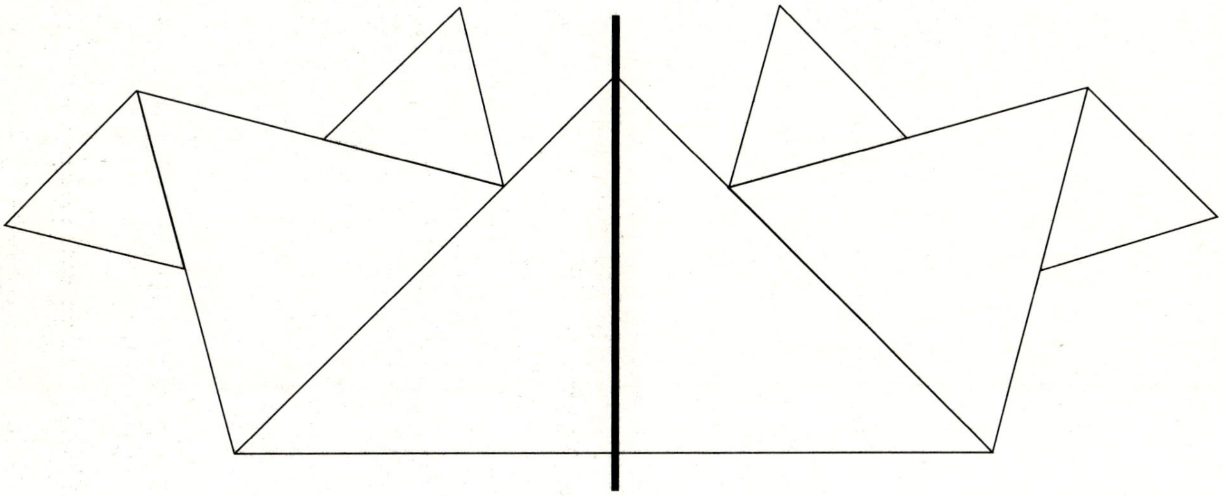

2. a)

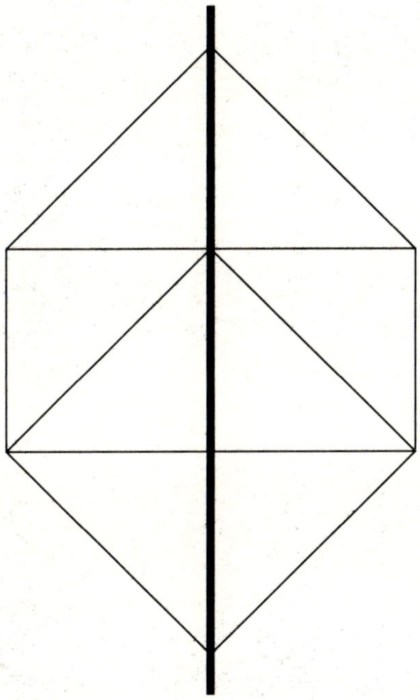

b)

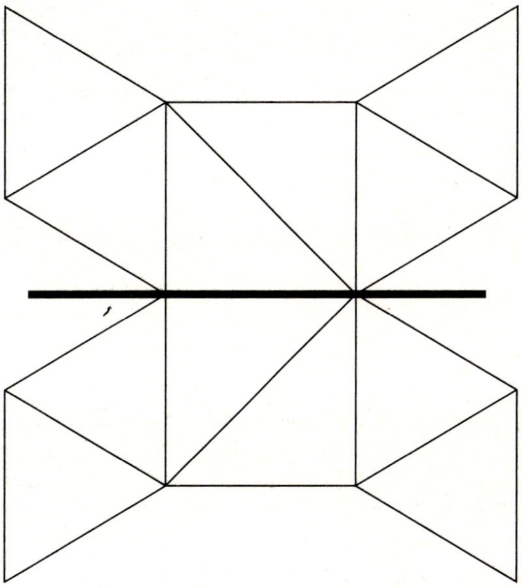

3. a)

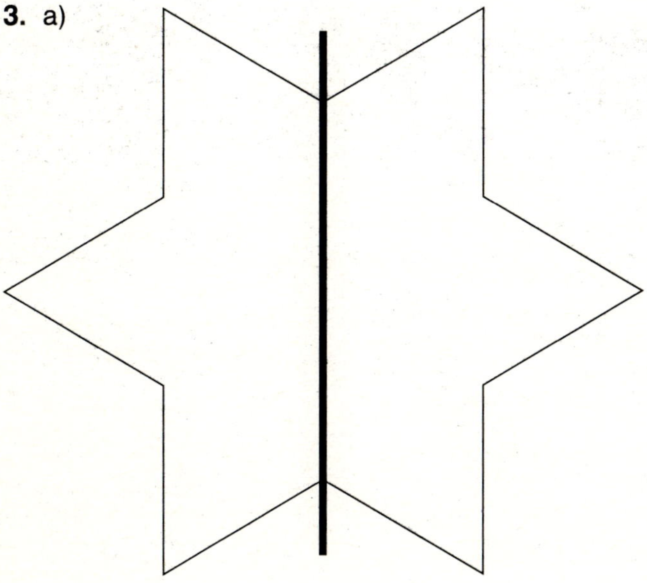

b)

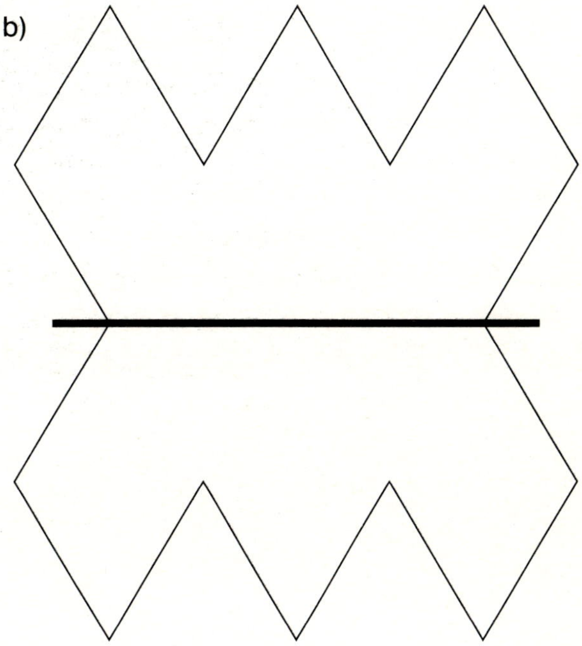

Figuren spiegelbildlich ergänzen.

1.

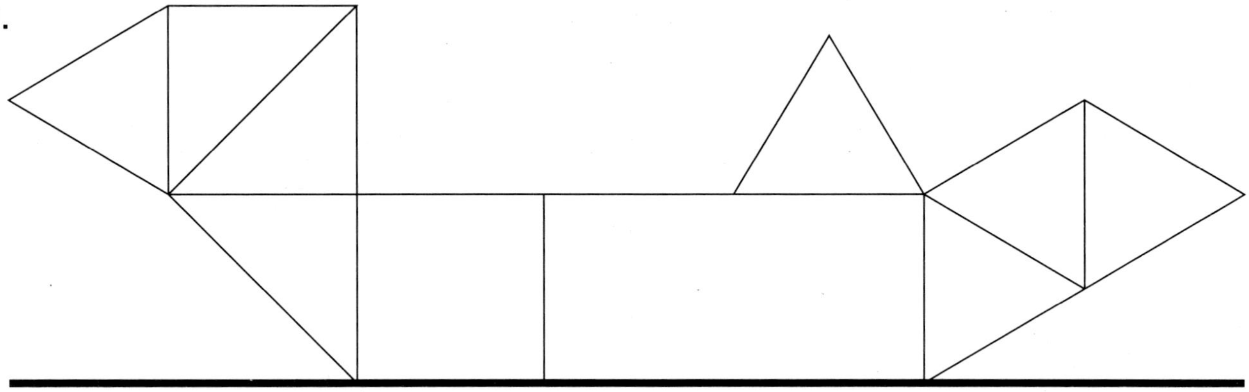

2.

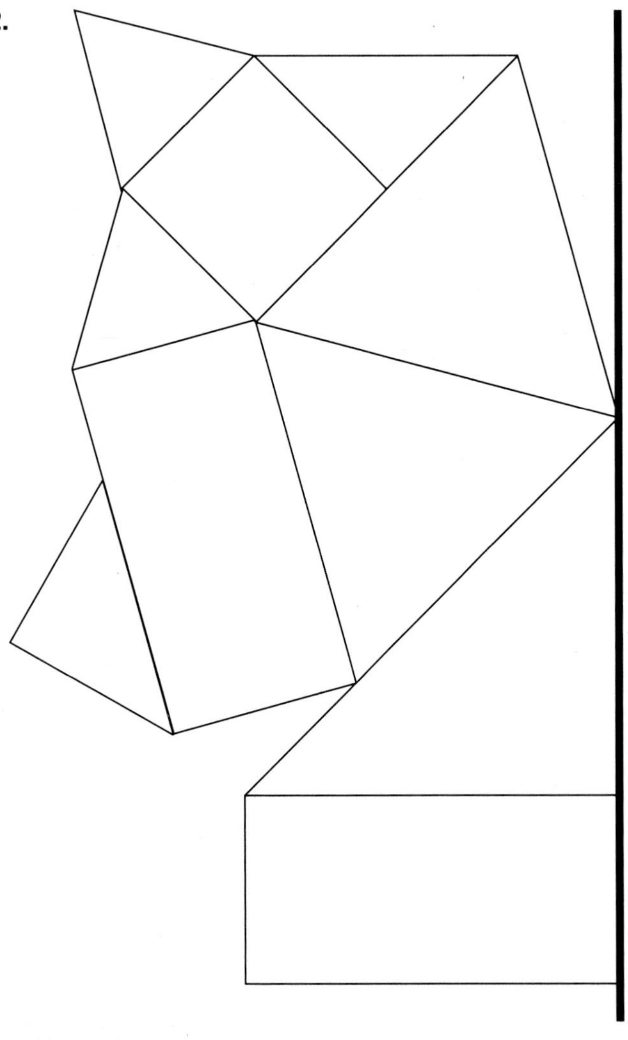